AF494383

LE

JEUNE MÉDECIN.

PARIS. — IMPRIM. DE CARPENTIER-MÉRICOURT, RUE TRAÎNÉE-S.-EUSTACHE, N. 15.

LE JEUNE MÉDECIN,

Comédie en un Acte,

PAR

MM. BENJAMIN ET ANICET,

Représentée pour la première fois sur le Théâtre de l'Ambigu-Comique, le 3 septembre 1829.

Paris,

CHEZ MALAISIE, ÉDITEUR, AU CABINET LITTÉRAIRE,

BOULEVART ST.-MARTIN, N° 2, THÉATRE DE L'AMBIGU-COMIQUE.

POLLET, LIBRAIRE, RUE DU TEMPLE, N° 57.

1829.

PERSONNAGES.		ACTEURS.
GUSTAVE BALNEUVE, Médecin,	MM.	DAVESNE.
ÉDOUARD, Homme de Lettres,		CHÉRI.
ROBIN, Commis,		PAUL.
D'OSMOND, Chirurgien-Major,		MELCHIOR.
Mme D'OSMOND,	Mmes	PALMYRE.
ELISE, sa Fille,		EDELIN.
JOSEPHINE, Blanchisseuse,		ELÉONORE.

(*La scène est à Paris chez Gustave Balneuve.*)

Vu au Ministère de l'Intérieur,

Le Chef du Bureau des Théâtres,

Signé le Baron TROUVÉ.

LE

JEUNE MÉDECIN,

COMÉDIE EN UN ACTE.

Le théâtre représente un cabinet assez élégant ; divers objets placés çà et là doivent indiquer la profession de celui qui l'habite. Au-dessus d'un bureau, Hippocrate ; en face, la Mort de Bichat ; dans un coin au fond, coiffé d'un bonnet grec et affublé d'une robe de chambre, un squelette ; de l'autre, une momie avec ses bandelettes.

SCÈNE PREMIÈRE.

GUSTAVE, JOSÉPHINE, *Gustave, en chemise, brosse son habit, et Joséphine bat un fauteuil.*

GUSTAVE.

As-tu bientôt fini, Joséphine?

JOSÉPHINE.

Je n'ai plus qu'à battre votre fauteuil.

GUSTAVE.

Alors tu achèveras plus tard.. J'ai à te donner des courses importantes.... A propos... as-tu dit au portier de mettre écriteau ? Je descends d'un étage, et je ne veux pas avoir deux loyers sur le corps.

JOSÉPHINE.

J'crois ben! .. un seul est quelquefois trop lourd... De peur que notre vieille concierge ne l'oublie.... je l'ai accroché moi-même, ainsi vous pouvez être tranquille. Mais voyons mes courses... Faut-il aller chez le charcutier en face chercher vot' déjeûner?..

GUSTAVE.

Du tout, je reçois aujourd'hui.

JOSÉPHINE.

Allez-vous donc m'envoyer comme autrefois chez le commissionnaire du Mont-de-Piété?.. Vot' montre connaît si bien la route que je crois qu'elle irait toute seule....

GUSTAVE.

Non... Je suis en fonds ce matin... et voici la note... Des huîtres au grand bureau, un pâté de volaille chez Lesage, un melon de chez Chevet avec des crevettes et des fruits.... Enfin une brioche toute chaude de chez Félix.

JOSÉPHINE.

Ah! bon Dieu! vous rendez donc un repas de noces?

GUSTAVE *allant au tiroir.*

Tiens, voilà l'argent... Tu en auras assez; mais ne dépense rien de plus, c'est celui du mois.

JOSÉPHINE.

Nous ne sommes encore qu'au huit... Vous jeûnerez donc jusqu'au 30?

GUSTAVE.

D'ici là nous verrons... L'essentiel c'est le déjeuner, et je veux qu'il soit splendide.

JOSÉPHINE.

Dites donc, M. Gustave, qui donc que vous avez invité?

GUSTAVE.

Edouard d'abord.

JOSÉPHINE, *arrangeant son bonnet.*

Ah! oui... votre ami intime, celui-là qui m'a donné un billet pour Feydeau. Ah! Dieu! ce pauvre jeune homme... ça me fait une peine.

GUSTAVE.

Tais-toi, on ne parle jamais de ça.

JOSÉPHINE.

Ah ça, il ne viendra pas seul?...

GUSTAVE.

Nous aurons madame d'Osmond.

JOSÉPHINE.

C'te dame si respectable qui demeure au second.

GUSTAVE.

Elle même, avec sa fille.

JOSÉPHINE.

Ah! mademoiselle Elise en sera... Alors, je ne m'étonne plus que vous mettiez tout sens dessus dessous.

GUSTAVE.

Hier, j'ai supplié madame Osmond de vouloir bien accepter un déjeuner sans façon pour célébrer sa convalescence et faire gaîment mes adieux au troisième; elle a consenti, et pour la bien recevoir j'aurais vendu tout, jusqu'à ma clientelle à venir.

JOSÉPHINE.

Heureusement que vot' père est derrière vous... Un receveur de département, c'est du huppé. Mais y vous tient la dragée haute quoique ça...

GUSTAVE.

Maintenant que je suis docteur, et que je commence à exercer, que Dieu m'envoie seulement une trentaine de bonnes maladies bien conditionnées, et tu verras...

JOSÉPHINE.

Pour le quart d'heure, ce que je vous souhaiterais, ça serait seulement d'être médecin en chef de quelque hospice.

GUSTAVE.

Ça viendra.

JOSÉPHINE.

Puis avec ça, je voudrais vous voir le mari de mademoiselle Elise.

GUSTAVE.

Que dis-tu?

JOSÉPHINE.

Ah! vous avez beau faire le discret... je sais de quoi y retourne... Je me suis ben aperçue aussi que de son côté la petite voisine...

GUSTAVE.

Comment! tu as cru remarquer? .

JOSÉPHINE.

Dame ! quand ça ne serait que par reconnaissance... Vous leur avez rendu un assez grand service... Vous rappelez-vous ce soir que j'allais vous bâtir un jabot .. vous alliez partir au bal..., quand mademoiselle Elise, tremblante et tout en pleurant, vint vous prier de descendre chez sa mère qui se mourait... En deux sauts vous avez été au second... Le jabot n'a pas servi..., mais c'te pauvre dame a été sauvée...

GUSTAVE.

Ah ! quel souvenir !

JOSÉPHINE.

Y m' semble encore entendre mademoiselle Elise frapper tout doucement et... (*Dans ce moment on frappe doucement à la porte.*) Eh! tenez absolument comme ça... Si c'était...

GUSTAVE.

Edouard sans doute.

JOSÉPHINE.

C'est drôle, je parierais presque... (*Elle ouvre, Elise paraît.*) J'en étais sûre...

SCÈNE II.

ELISE, GUSTAVE, JOSÉPHINE.

GUSTAVE.

Que vois-je ! vous mademoiselle ?

ÉLISE, *sur le seuil.*

Ah ! pardon, M. le docteur.... je venais chercher Joséphine.

JOSÉPHINE.

Moi, mademoiselle ?

ÉLISE.

Oui, ma bonne mère, qui sort aujourd'hui pour la première fois, a besoin de vous; et si....

GUSTAVE, *l'attirant en scène.*

Approchez, de grâce, et veuillez bien me dire comment elle se porte ce matin.

JOSÉPHINE, *à part.*

Pauvre petite!... elle a l'air de marcher sur des charbons.

ÉLISE, *timidement.*

Elle va chaque jour de mieux en mieux; et jamais..., non, jamais ce que vous avez fait pour nous ne sortira de sa mémoire ni de mon cœur.

JOSÉPHINE.

Comme elle est rouge pour avoir dit ça!

GUSTAVE.

Ah! mademoiselle, je devrais bénir à jamais l'art auquel j'ai consacré ma vie... Grâce à lui, j'ai pu conserver les jours de la plus tendre des mères.. Grâce à lui, j'ai quelques droits à votre amitié... J'en aurai peut-être un jour à un autre sentiment.

JOSÉPHINE.

V'là que ça s'échauffe. Ces pauvres enfans y m'intéressent....

ÉLISE.

Pardon, M. Gustave..., mais...

GUSTAVE.

Eh quoi! mademoiselle Elise, vous me quittez déjà... Pour la première fois... le hasard permet que je sois seul avec vous... et pour la première fois je puis vous dire...

(*Dans ce moment la porte s'ouvre et Edouard passe la tête.*)

SCÈNE III.

LES MÊMES, EDOUARD.

ÉDOUARD.

M. le docteur est en consultation peut-être?

ÉLISE.

Ciel!

GUSTAVE.

Edouard!

JOSÉPHINE, *à part.*

Il vient les déranger... Quel dommage! ça commençait si bien!

ÉLISE.

Adieu, M. Gustave... Venez-vous Joséphine?

JOSÉPHINE.

Me v'là mademoiselle, je ferai en même temps toutes mes courses.

ÉDOUARD, *se rangeant pour laisser passer Elise.*

Mademoiselle, pardon. Bonjour, Joséphine.

JOSÉPHINE.

Bonjour, bonjour, Monsieur... (*A part.*) Il aurait bien dû se donner une entorse à l'entresol.

SCÈNE IV.

GUSTAVE, ÉDOUARD.

GUSTAVE, *suivant Élise des yeux.*

Elle est partie!

ÉDOUARD.

Je gage que j'arrive mal... Mais aussi pourquoi ne mets-tu pas sur ta porte : « Consultation particulière de telle heure à telle heure... » Cela se fait, mon cher.

GUSTAVE.

Allons, trêve de plaisanterie... Cette jeune personne...

ÉDOUARD.

Est charmante... je t'en fais mon compliment bien sincère... Tu la traites pour quelques palpitations de cœur, n'est-ce pas? Ne serait-ce pas la cause de cette retraite subite, de cet amour pour l'étude?.. Et moi qui admirais ta sagesse... Je ne savais pas que cette déesse elle-même venait te rendre visite en robe blanche et en petit tablier noir.

GUSTAVE.

Allons, tu es fou.

ÉDOUARD.

Ma foi, oui, de la jolie figure que je viens de voir... Ces mauvais sujets de médecins ont vraiment des prérogatives charmantes, tenir une jolie main, interroger de beaux yeux... Tiens, mon ami, si je voyais souvent chez toi de pareilles malades, j'irais prendre des inscriptions à l'Ecole de Médecine.

GUSTAVE.

Mais laisse-moi donc te dire.

(On frappe.)

ÉDOUARD.

Ah ça, mon cher, on est donc à la queue chez toi ? Voyons, si c'est encore une jolie femme... je m'en irai... vrai !....

GUSTAVE.

Entrez...

SCÈNE V.

LES MÊMES, ROBIN.

ROBIN.

Voulez-vous bien permettre ?.. C'est pour voir le local.

EDOUARD, *à Gustave.*

Comment le local ?

GUSTAVE.

Oui, je déménage, je descends au second.

EDOUARD.

Il paraît que les affaires vont bien.

ROBIN.

Il y a une autre pièce ; n'est-ce pas une cuisine ?

GUSTAVE.

Oui. Mais que vois-je !

ROBIN.

Comment, c'est Gustave !..

ÉDOUARD.

C'est Robin !

GUSTAVE.

Eh ! bonjour, Robin.

ROBIN.

Et M. Edouard notre ancien maître d'étude... Voyez comme on se rencontre... En passant devant cette maison, je lève le nez, je vois sur un écriteau : « Appartement de garçon à louer... » Il m'en faut un... je monte, et je trouve des anciens amis de collége.

GUSTAVE.

Ce bon Robin !... Qu'est-ce que nous sommes devenu depuis la sortie du lycée ?

ROBIN.

J'en suis sorti un peu avant vous... trois ans... Mes études étaient terminées.

ÉDOUARD.

Il était en sixième.

ROBIN.

Oui, mais fort sixième ! Messieurs, on devient ce qu'on peut. Je n'ai pas comme toi, Gustave, un père riche et percepteur. J'ai pourtant un parent qui court le monde, qui voulait faire fortune, qui est allé aux Grandes-Indes, au Pérou... on ne sait pas où... Il aura fait le saut du Niagara peut-être; après tout, je n'ai pas d'ambition, et je suis simple commis. (*Se rengorgeant.*) Cent louis d'appointemens, voilà tout.

ÉDOUARD.

Avec cela on n'a pas cabriolet; mais... c'est fort gentil.

ROBIN.

Ah ! je dois encore monter en grade; cependant vous sentez qu'il faut de l'ordre, de l'économie, quand on tient à ne pas faire de dettes; et puis moi je ne suis pas comme vous occupé de toilette, car vous êtes d'une élégance..., je ne suis pas coquet; pourvu qu'on soit mis décemment, qu'importe ?

GUSTAVE.

Oh ! je te connais... avec ton air d'indifférence... C'est comme au collége, peu lui importait ce qu'on nous servait à dîner, mais le lendemain il faisait le malade pour avoir des bouillons.

ROBIN, *rompant la conversation.*

Eh bien ! monsieur Edouard, et les lettres ? Nous occupons-nous toujours de littérature ? Comment va le théâtre ? nous avons des succès, n'est-ce pas ?

GUSTAVE, *qui part d'un éclat de rire.*

Ah ! tu es bien venu de parler succès à un poète qui vient d'éprouver un accident, d'être la victime d'une cabale; un auteur tombé enfin...

ÉDOUARD.

Oui, monsieur Robin.

ROBIN.

Ah! c'est drôle!

ÉDOUARD.

Tu trouves cela drôle, toi?

ROBIN.

Je veux dire extraordinaire... vous qui avez réussi quelquefois... C'était donc mauvais... c'est-à-dire... ça n'a donc pas plu?...

ÉDOUARD.

Il paraît que non, puisqu'on a sifflé!

ROBIN.

Ma foi, je ne sais pas comment était votre pièce, mais je suis sûr qu'elle ne pouvait pas être plus mauvaise que celle que j'ai vue avant-hier à Feydeau... Oh! figurez-vous un amphigouri, enfin c'était si bête, que moi, qui d'ordinaire ne siffle jamais, je n'ai pu m'empêcher de faire comme les autres; j'ai sifflé comme un serpent à sonnettes.

(*Gustave retient une grande envie de rire*).

ÉDOUARD.

Ah! vous avez sifflé?.. C'est un droit qu'à la porte on achète en entrant.

ROBIN.

Je ne l'ai pas acheté, c'est un billet qu'on m'avait donné...

EDOUARD.

Un billet jaune?

ROBIN.

Jaune, c'est ça; il y avait dessus un E avec paraphe.

EDOUARD.

Eh bien! faites donc des billets d'amis. Je vous remercie, M. Robin.

ROBIN.

Comment! est-ce que c'était de vous?

EDOUARD.

Eh! oui, vraiment... c'est ma pièce que vous avez sifflée comme un serpent à sonnettes.

ROBIN.

Ah! la bonne charge !.. Si j'avais pu deviner. Ce n'est pas l'embarras, il y avait des mots très-spirituels. Je suis sûr qu'en la voyant une deuxième fois... Vous n'auriez pas un billet à me donner ?.. J'applaudirai, vrai, parce que je suis désolé.

ÉDOUARD.

Oh! je ne vous en veux nullement.

GUSTAVE.

D'ailleurs quelques sifflets de plus ou de moins, qu'importe ? (*A Robin*). Ah ça, et les amours, Robin? car dès le collége tu faisais des passions, à ce que tu nous as dit. Combien as-tu de maîtresses pour le moment?

ROBIN.

Oh! je suis très-sage ; d'abord mes moyens ne me permettent pas... mais ça ne m'empêche pas d'avoir une petite femme pleine d'esprit, et que je mène promener. Je la mène promener... et voilà tout.

GUSTAVE.

Voilà tout?

ÉDOUARD.

Il paraît qu'elle n'est pas exigeante.

ROBIN.

Par exemple, il faut qu'elle se tienne, parce que... Oh! dabord je suis horriblement jaloux. Mais pardon, nous causons, et je dois me rendre chez un notaire du boulevard St-Denis, et puis ma besogne...

GUSTAVE, *lui arrachant son portefeuille.*

Décidément il me fait rire avec sa besogne ; qu'est-ce qu'il y a là-dedans ?

ROBIN.

Ce sont des travaux secrets....

GUSTAVE.

Ne m'en veux pas d'avoir jeté des yeux profanes dans le portefeuille administratif ; voyons, veux-tu déjeuner avec nous?

ÉDOUARD.

Et si vous voulez venir à une grande soirée, je suis chargé de recruter des jeunes gens pour danser. Savez-vous danser ?

ROBIN.

Tiens, si je sais danser! on m'avait surnommé le Zéphire de la danse.

ÉDOUARD.

C'est tout ce qui lui est resté de ses études. Alors vous serez des nôtres. Le bal est pour 11 heures.

ROBIN.

Ah! bon Dieu! et moi qui ai prêté mes bas de soie noire à Fifine.

ÉDOUARD.

Songez que j'ai votre promesse.

ROBIN.

Je la tiendrai.... (*A part.*) Si je peux retrouver mes bas... Courons chez Fifine... D'ailleurs, ça me donnera de l'appétit... (*haut*) Au revoir!

GUSTAVE.

Dans une heure.

ROBIN.

J'y serai. (*Il sort et revient.*) Ah! mon portefeuille.

(*il sort.*)

SCÈNE VI.

ÉDOUARD, GUSTAVE.

GUSTAVE.

Quelle importance! quel aplomb! Il nous amusera, je te le promets ...

ÉDOUARD.

Les sots de collége sont toujours des sots dans le monde... Mais du reste, il est bon diable... Quoiqu'il m'ait sifflé, je ne lui en veux pas... Ah ça, voyons... quand il est entré nous en étions sur le chapitre de la demoiselle..; revenons-y... Je te promets qu'il est fort intéressant. Comment l'as-tu connue? Si ton aventure est originale, j'en ferai le sujet de mon premier vaudeville.

GUSTAVE.

Un soir... à la suite d'un déjeuner.

ÉDOUARD.

Comment ! un soir, à la suite d'un déjeuner ?

GUSTAVE.

Oui, qui s'était prolongé jusqu'à quatre heures.

ÉDOUARD.

Je me rappelle.. le Champagne m'avait étourdi au point que je prenais toutes les étoiles pour des réverbères... Eh bien ! ce soir donc....

GUSTAVE.

Je montais chez moi. . lorsque de l'appartement du second sortit une jeune fille charmante...

ÉDOUARD.

Oui, je l'ai vue tout à l'heure.

GUSTAVE.

Elle était tout en pleurs... sa mère très-malade demeurait sans secours, un vieux médecin qui la soignait étant mort la veille... Mademoiselle, lui dis-je, je suis docteur, et si vous voulez me conduire près de votre mère, je pourrai peut-être... Sans me répondre, sans même me laisser achever, elle m'entraîne plutôt qu'elle ne me conduit, et nous arrivons dans la chambre de la malade que je trouve dans un état tout-à-fait alarmant... Les ressources de l'art, une assiduité constante la tirèrent du danger... S'il m'était possible de t'exprimer tout ce qui se peignait dans les yeux d'Élise, tout ce que l'expression de son visage semblait dire lorsque le mot elle est sauvée s'échappa de mes lèvres!.. Elle était à mes genoux... elle avait saisi une de mes mains... la baignait de larmes... je crois même qu'un baiser de reconnaissance... Ah ! mon ami, que c'est beau d'être médecin !

ÉDOUARD.

Bravo ! j'aurai presque écrit la scène en t'écoutant.

GUSTAVE.

Les mauvaises chances ne te corrigent donc pas, mon cher professeur?...

UNE VOIX *au dehors.*

Va plus doucement, mon enfant.

GUSTAVE.

Je crois qu'on monte, et je reconnais... Oui, c'est madame d'Osmond.

ÉDOUARD.

La maman en question?

GUSTAVE.

Pas de folie, songe que cette dame mérite tout mon respect.

ÉDOUARD.

Comment donc! les mamans sont toujours très-respectables, pour moi surtout..... sois tranquille.

GUSTAVE.

La voici.

SCÈNE VII.

LES MÊMES, Mme D'OSMOND *donnant le bras à Élise.*

Mme D'OSMOND.

Mon jeune ami, je viens chez vous avant l'heure fixée, mais je ne vous avais pas encore fait ma visite de convalescence.

GUSTAVE.

Ah madame! une visite, à moi?...

Mme D'OSMOND.

C'est bien le moins.

(*Gustave et Édouard approchent un fauteuil, ils y placent doucement Mme D'Osmond, Élise pose un tabouret sous ses pieds.*)

Mme D'OSMOND *à Gustave.*

Merci, docteur, (*Désignant Édouard.*) monsieur est de vos amis sans doute?

GUSTAVE.

C'est le premier, le plus cher de tous.

ÉDOUARD.

Nous sommes du même pays, Madame, nous avons étudié dans le même collége, et c'est entre nous à la vie à la mort.

Mme D'OSMOND.

Je puis donc devant monsieur répondre de vive voix à votre lettre.

ÉLISE.

A sa lettre?

GUSTAVE.

Parlez, madame, depuis long-temps nous n'avons plus de secrets l'un pour l'autre.

Mme D'OSMOND.

Mon cher docteur, je crois que vous aimez sincèrement ma fille....

ÉLISE.

Il m'aime!

Mme D'OSMOND.

Et ce serait avec une bien douce joie que je vous nommerais mon fils.... Mais d'abord des considérations de fortune s'opposent... je n'ai rien à donner à mon Élise.

ÉDOUARD.

Mais madame, mon cher Gustave a du talent, des amis, de vrais amis qui feront sa réputation.. Avec des articles de journaux... un peu de charlatanisme... un docteur se met à la mode... et je vous garantis qu'avant un an, mon ami pourra suivre en cabriolet le convoi de ses malades.

GUSTAVE.

Sans partager la confiance d'Édouard dans l'avenir, je puis espérer que la fortune daignera récompenser mon travail; d'ailleurs, mon père est riche.

Mme D'OSMOND.

Et puis, cher docteur, je ne suis plus seule maîtresse de disposer de la main de ma fille.

GUSTAVE.

Comment!

Mme D'OSMOND.

Sur la liste des Français morts dans la campagne de Russie, et envoyée au ministère, c'est par erreur qu'on avait mis le nom de mon mari.

EDOUARD.

Par erreur!... Ils n'en font jamais d'autres.

GUSTAVE.

Il se pourrait?

ÉDOUARD.

Bon incident.

Mme D'OSMOND.

Après de longues et douloureuses traverses, il est en route pour la France; cette lettre me l'apprend.

GUSTAVE.

Ah! madame, combien je partage votre joie!

Mme D'OSMOND.

J'ai voulu faire part à vous d'abord de ce retour inespéré qui va me mettre bientôt à même de m'acquitter envers vous.

GUSTAVE.

Que dites-vous?

Mme D'OSMOND.

Je vais maintenant en instruire un créancier que je remettais de jour en jour, que je crains de voir arriver ce matin, et qui voudra bien patienter jusqu'au retour de mon mari.

GUSTAVE.

Alors madame je puis encore espérer?

Mme D'OSMOND.

Mes vœux sont déjà d'accord avec les vôtres, mais il faudra le consentement de votre père et de mon époux... L'heure avance... je ne veux pas vous faire attendre, je pars... Sans adieu, mon cher docteur; j'ai accepté votre aimable invitation, et je reviendrai le plus tôt possible... (*A Edouard.*) Monsieur, je vous salue...

ÉDOUARD.

Madame...

GUSTAVE.

Adieu, chère Elise, pressez votre retour.

(*Elles sortent, Joséphine entre et salue Mme d'Osmond qui s'en va*).

JOSÉPHINE.

Bonjour, Mme d'Osmond, bon voyage. Voilà toutes mes acquisitions faites.

ÉDOUARD.

Ah c'est toi... jolie petite espiègle! qu'apportes-tu donc là?

JOSÉPHINE.

Un déjeuner superbe.

ÉDOUARD.

Mais vois donc... s'il n'est pas cloué sur cette rampe... Eh! mon Dieu ! elle est déjà sur le quai...

JOSÉPHINE.

Mais laissez-le donc ce pauvre jeune homme... il est amoureux... et ça n'est pas commun.

GUSTAVE *rentrant.*

Joséphine, mets le couvert... range ici... Je vais voir mes malades. Et cet ouvrier de la rue de la Huchette qui s'est cassé la jambe... j'ai passé son heure : les riches peuvent attendre, mais les pauvres sont pressés de guérir.

ÉDOUARD.

Je vais t'accompagner... et en attendant l'heure du déjeuner, je vais lire les journaux... ils m'amusent...

GUSTAVE.

Dépêche-toi, Joséphine.

(*Ils sortent.*)

SCÈNE VIII.

JOSÉPHINE.

Sont-ils bons enfans !.. Vivent les étudians, avec eux on n'a pas le temps de s'ennuyer... Quel dommage que mon Raoul ne soit qu'un commis... il n'a pas d'esprit lui... mais sa grosse figure bouffie, ses petits yeux noirs, son nez en l'air... tout ça m'a plu... et il me fait passer mon dimanche tout aussi ben qu'un autre... C'est pas l'embarras... s'il savait qu'outre mon état... je fais des ménages de garçons, ça ne l'amuserait peut-être pas : il aurait ben tort, depuis l'âge de seize ans que je sais ce que c'est que le monde, celui qui m'attrapera pourra bien dire... (*Elle regarde autour d'elle.*)

SCÈNE IX.

JOSÉPHINE, ROBIN.

ROBIN *entre, la porte est restée ouverte.*

Tiens, une femme !

JOSÉPHINE *se retournant.*

Oh! mon Dieu! c'est Raoul.

ROBIN.

Ah! c'est vous, mademoiselle Fifine! qu'est-ce que vous faites ici?

JOSÉPHINE.

Vous le voyez ben, monsieur, je mets l'couvert.

ROBIN.

Pardine! je le vois bien, pourquoi le mettez-vous chez un garçon?

JOSÉPHINE.

Oh! vous savez que c'est un garçon, eh! bien.. (*Elle cherche.*) Je le mets parce qu'une dame et une demoiselle qui déjeunent, et dont je blanchis le linge, m'ont prié de surveiller les apprêts du repas.

ROBIN.

Ah! je respire plus librement. C'est qu'il eût été vexant que mon ami Gustave...

JOSÉPHINE.

Monsieur Gustave est votre ami?

ROBIN.

Ami intime, camarade de collége.

JOSÉPHINE.

Tiens, vous ne m'en avez jamais parlé, et je ne vous ai jamais vu chez lui.

ROBIN, *vivement.*

Vous y venez donc souvent?

JOSÉPHINE.

J'y viens... Est-il drôle avec ses questions; c'est Mme d'Osmond qui y vient.

ROBIN.

Qu'est-ce que c'est que Mme d'Osmond.

JOSÉPHINE *riant.*

Ah! Raoul, qu'est-c'que vous avez donc ce matin? vous avez le nez plus long qu'à l'ordinaire, est-ce que vous avez des chagrins?

ROBIN.

Oh! il n'est pas question de rire.

JOSÉPHINE.

Oh ben! moi, je n'ai pas envie de pleurer.

ROBIN.

Ah ça! Fifine, voyons, je vous en prie, parlons raison... Oh! mais d'abord si on venait, il ne faut pas laisser voir que...

JOSÉPHINE.

Oh! il n'y a pas de danger, tout le monde ne fait que de sortir.

ROBIN.

Si j'avais su, j'aurais fait ma course chez le notaire avant le déjeuner; alors...

JOSÉPHINE.

Vous déjeunez donc ici?

ROBIN.

Comme vous dites; et je vais ce soir au bal dans un hôtel superbe, où il y aura des pairs, des députés, des électeurs et des fabricans de sucre de betterave.

JOSÉPHINE.

C'est donc ça qu'on ne peut pas vous regarder en face? Au fait, quand on va dans l'grand monde... vous êtes déjà grandi de deux pouces.

ROBIN.

Fifine, je vous en supplie, écoutez-moi.

JOSÉPHINE.

Oh! je vous vois venir, vous voulez que je vous mette des papillotes.

ROBIN.

Des papillottes... pour ce soir... ça me fera plaisir, c'est vrai, avec ça que vous les mettez dans la perfection.

JOSÉPHINE.

Ah! voilà le lion qui s'adoucit.

ROBIN.

Mais il y a autre chose dont j'ai un besoin urgent, ce sont mes bas de soie noirs que je vous ai prêtés le dimanche qu'il a plu.

JOSÉPHINE.

Vos bas de soie ?...

ROBIN.

Oui, mademoiselle.

JOSÉPHINE.

Ah ! ils sont ben loin s'ils courent toujours.

ROBIN.

Ah ! mes bas courent .. Qu'est-ce que vous voulez dire ?

JOSÉPHINE.

Que je les ai prêtés à Phédora, mon ouvrière, pour jouer dans une comédie bourgeoise, et elle m'a avoué qu'elle les avait laissé mettre le lendemain à son cousin pour aller à la noce; mais comme il a les mollets très-gros, il a fait partir cinq à six mailles en les ôtant.

ROBIN.

Quand on prête des bas on regarde aux mollets. Oh! mon Dieu ! prêtez donc quelque chose.

JOSÉPHINE.

Dame ! est-ce qu'on va présumer aussi qu'on redemandera ce qu'on vous a prêté ?

ROBIN.

Mais enfin, je compte sur les bas pour ma soirée.

JOSÉPHINE.

Il faut en acheter d'autres; on en vend en face.

ROBIN.

Oui, en acheter, c'est facile à dire ; un expéditionnaire à 800 francs... A propos, mademoiselle Fifine, n'allez pas dire que je ne gagne que 800 francs, j'ai dit cent louis et les gratifications: il vaut mieux faire envie que pitié... Et pourtant mon sous-chef, qui fait la pluie et le beau temps, m'a encore dit ce matin que si je n'écrivais pas mieux il serait forcé de me destituer. Ça lui va bien à lui qui ne fait que des pattes de mouches, et qui gagne 6,000 fr. Mais tout ça c'est superflu.

JOSÉPHINE.

Oui, le nécessaire.

ROBIN

C'est des bas.

JOSÉPHINE.

Et des papillotes; justement j'avais mis le fer pour M. Gustave : je vas vous rouler les cheveux, ça sera plus tôt fait.

(*Elle sort.*)

ROBIN.

Eh bien! eh bien! voyez cette folle. Il est vrai qu'elle coiffe comme un ange, et si elle a le temps ça sera autant de fait pour ce soir.

JOSÉPHINE, *revenant.*

Allons, vite, il n'est pas trop chaud.

(*Il joue avec elle et se brûle les doigts.*)

ROBIN.

Il a l'air d'être rouge....

(*Il va à la porte.*)

JOSÉPHINE.

Je vous dis qu'on ne viendra pas encore.

ROBIN.

Je vous assure, Fifine, qu'il est brûlant.

JOSÉPHINE.

Si vous remuez, tant pis pour vous....

ROBIN.

Dieu! je crois que je sens le roussi.

JOSÉPHINE.

Dieu ! est-il poltron!... v'là qu' c'est fini. Vous allez être magnifique.

ROBIN.

Ah ! Fifine, que vous êtes gentille, je vous aime sincèrement. Ah ! Fifine, vous me tirez les cheveux. Que ne suis-je riche comme Gustave, par exemple.

JOSÉPHINE.

Nous verrions de belles choses.

ROBIN.

D'abord la fortune ne me ferait pas changer... C'est si ridicule de faire le fier parce qu'on a quelques pièces jaunes de plus dans son gousset? en a-t-on plus de mérite!.. Vous me tirez les cheveux, Fifine.

JOSÉPHINE.

Finissez donc.

ROBIN.

Prie qu'il m'arrive une fortune, tu verras comme tu seras heureuse. D'abord j'aurai une maison de campagne.

JOSÉPHINE.

Vous y mettrez des lapins, entendez-vous, parce que j'aime beaucoup les gibelottes.

ROBIN.

Ah ça! suis-je bien coiffé?

JOSÉPHINE.

Oui. Dites donc, il y aura sans doute un souper, rapportez-moi quelque chose.

ROBIN.

Je vais mettre des glaces dans ma poche, n'est-ce pas?

JOSÉPHINE.

On ne prend pas que des glaces... Je veux que vous me rapportiez des friandises, ou je vous décoiffe.

ROBIN.

Mademoiselle Joséphine, finissez-donc, voyons, puisque les autres n'arrivent pas encore, je vais aller savoir ce que me veut le notaire du boulevart Saint-Denis, et tâcher d'emprunter une paire de bas de soie noirs à quelqu'un.

JOSÉPHINE, *lui arrangeant les cheveux.*

Ahça! vous me direz ce qu'on vous voulait chez ce notaire, n'est-ce pas?

ROBIN, *riant.*

Ah! ah! curieuse. Dites donc pendant que vous êtes-là, refaites-moi donc mon nœud.

JOSÉPHINE.

Petit coquet!

ROBIN.

Ah! Fifine, ce n'est pas de la coquetterie, c'est uniquement pour mieux vous plaire.

(*Il plaisante avec elle.*)

JOSÉPHINE.

Voulez-vous finir. (*Allant au fond.*) J'entends du bruit dans l'escalier... C'est un monsieur qui monte.

ROBIN, *riant.*

Un monsieur! Ah! il est vieux celui-là, ça m'est égal. Eh! eh! adieu, Fifine. (*Il l'embrasse.*)

JOSÉPHINE.

Oh! le lambin! vous devriez déjà être revenu, allez donc.

ROBIN.

(*Il l'embrasse et se sauve en riant.*) Ah! ah! hein! qui est-ce qui est attrapé là?

(*Il sort et se heurte avec M. d'Osmond, qui parait sur le palier.*)

SCÈNE X.

JOSÉPHINE, D'OSMOND.

D'OSMOND, *à Joséphine.*

Êtes-vous de la maison, mademoiselle?

JOSÉPHINE.

Dam', oui et non, monsieur: qu'est-ce qu'il y a pour votre service?

D'OSMOND.

J'ai cherché, j'ai frappé à deux ou trois portes, sans trouver personne à qui je puisse m'adresser.

JOSÉPHINE.

Ah! ça ne me surprend pas, la portière n'est jamais à sa loge; par exemple, on est bien sûr de la trouver au bureau de loterie d'en face, ou chez la fruitière du coin. C'est que c'est une grande dame que madame Simare! comment donc! on dit que cet hiver elle doit prendre un commis pour tirer le cordon. Du reste, monsieur, si vous demandez après quelque locataire, comme je les connais presque tous...

D'OSMOND.

Je demande madame d'Osmond et sa fille.

JOSÉPHINE.

Madame d'Osmond! elle vient justement de sortir, il n'y a qu'un instant avec sa fille, mademoiselle Elise.

D'OSMOND, *agité.*

Elle est sortie?... (*à part.*) Et moi qui brûle du désir...

JOSÉPHINE.

Mon Dieu! oui, pour la première fois depuis un mois. Ah! c'est qu'elle peut bien dire qu'elle en est revenue de loin, allez! dam! elle a été si joliment soignée! un médecin qui passait les jours et les nuits (*avec mystère*) et qui ne demandait rien pour les visites, et qui payait les drogues. C'est qu'on n'en trouve guère comme ça au moins.

D'OSMOND, *à part.*

Serait-il possible, combien j'aurai de plaisir à lui exprimer ma reconnaissance? (*vivement.*) Comment! ce jeune homme a fait lui-même les frais?..

JOSÉPHINE.

Il a suffi à tout.

D'OSMOND *vivement.*

Vous le nommez Gustave?...

JOSÉPHINE.

Oui, Monsieur, Gustave Balneuve, c'est le locataire de cet appartement. Madame d'Osmond a une fière poignée d'affection pour lui aussi, et mademoiselle Élise donc!...

D'OSMOND.

Ah! vous pensez que la jeune personne?..

JOSÉPHINE.

Est-ce que ce n'est pas tout naturel? avec ça qu'il est joli garçon. Et dam', écoutez donc, à 18 ans le sentiment va vite.

surtout quand il n'y a qu'un étage à monter. Mais tenez, j'entends quelqu'un sur l'escalier; oh! c'est sans doute M. Gustave, allez.

SCÈNE XI.

LES MÊMES, ÉDOUARD.

ÉDOUARD *entrant.*

Joséphine, tout est-il préparé?

JOSÉPHINE.

Oui, monsieur. (*Plus bas.*) Regardez...

ÉDOUARD *à part.*

Tiens, quel est ce monsieur?

JOSÉPHINE *de même.*

Ma foi, je n'en sais rien, il paraît vouloir parler à madame d'Osmond, et je l'ai fait entrer.

ÉDOUARD.

Ah diable! serait-ce?.. Ne dis rien, je vais le recevoir, moi.

JOSÉPHINE.

Je vais dans la cuisine faire mon service.

ÉDOUARD.

Oui, va faire ton service.

(*Elle entre dans la pièce voisine.*)

SCÈNE XII.

D'OSMOND, ÉDOUARD.

D'OSMOND, *il le salue.*

Monsieur, j'ai bien l'honneur..Je venais chez madame d'Osmond.

ÉDOUARD *à part.*

Ah! ah! c'est sans doute le créancier dont elle nous a parlé.

D'OSMOND.

Cette dame étant sortie, j'ai pris la liberté d'attendre son retour chez un jeune médecin dont la réputation, je l'espère, égalera le mérite.

ÉDOUARD *à part.*

Quest-ce qu'il dit? (*Haut.*) Monsieur je vous remercie de votre bonne opinion.

D'OSMOND *à part.*

Avant de me découvrir, jugeons-le.

ÉDOUARD *à part.*

Il me prend pour Gustave, tant mieux; si je pouvais faire sa connaissance et lui emprunter de d'argent.

D'OSMOND.

Vous avez sans doute de grandes occupations?

ÉDOUARD.

Mais... oui, monsieur, le malade donne assez.

D'OSMOND.

Alors, vous gagnez beaucoup.

ÉDOUARD *à part.*

C'est bien ça, toujours à son affaire. (*haut*) Mais, oui, monsieur, ma clientelle augmente tous les jours, et peut-être qu'incessamment un beau mariage... (*à part*) Ça va le séduire, (*haut*) je vous conterai cela si vous voulez rester à déjeûner avec nous.

D'OSMOND *à part.*

Comment, c'est là ce M. Gustave. (*haut*) Je n'ai point l'avantage d'être connu de vous.

ÉDOUARD.

Oh! c'est égal, vous me paraissez un digne homme, et puis le but de votre visite sera rempli, puisque ces dames déjeunent ici avec un jeune méd.... littérateur de mes amis; nous nous occuperons des intérêts de la voisine.

D'OSMOND.

De la voisine?

ÉDOUARD.

Oui, et si vous êtes aussi traitable que votre mine l'annonce, eh bien! nous ferons peut-être quelque opération ensemble.

(*Il lui frappe sur l'épaule.*)

D'OSMOND.

Quelque opération de chirurgie?

ÉDOUARD.

Eh non ! de commerce.

D'OSMOND *à part.*

J'y suis, décidément il m'a pris pour un homme d'affaires; ne le désabusons pas.

ÉDOUARD.

Vous acceptez ?

D'OSMOND.

Allons, monsieur, puisque cela semble vous faire tant de plaisir...

ÉDOUARD *à part.*

Bravo ! Ah ! si nous avions du champagne, je serais maintenant sûr de mon fait.

SCÈNE XIII.

LES MÊMES, GUSTAVE.

GUSTAVE.

Ah ! Dieu merci, me voilà libre.

(*Tandis qu'il pose son chapeau, Édouard le voit et court à lui.*)

ÉDOUARD *bas.*

Tâche de t'observer, cet homme est le créancier de madame d'Osmond, et je l'ai invité à déjeuner dans l'espoir de l'amener à nous prêter de l'argent.

GUSTAVE *de même.*

Jolie idée que tu as eu là.

ÉDOUARD *à part.*

Ah bien! c'est fait, maintenant il faut essayer. (*haut à d'Osmond.*) Monsieur voici mon ami, M. Édouard, un jeune homme plein de mérite, et qui donne les plus grandes espérances.

D'OSMOND.

C'est monsieur qui s'occupe de littérature ?

GUSTAVE.

Hein ?

ÉDOUARD *vivement.*

Oui, oui, c'est un poète dans toute la force du terme, il a en portefeuille trois tragédies commencées, et sous presse un roman à la Walter Scott.

GUSTAVE *à part.*

Ah ça! te moques-tu de moi?

ÉDOUARD.

Il vient un peu tard, parce qu'il travaille.

GUSTAVE.

Laisse-moi tranquille. Ce qui m'a retenu, c'est que le chirurgien en chef faisait aujourd'hui une amputation; et que je tenais à y assister.

D'OSMOND *étonné à part.*

Que dit-il? (*haut*) Eh quoi! c'est dans les hôpitaux que vous allez chercher vos inspirations?

ÉDOUARD *vivement.*

Oui, oui, il veut faire un vaudeville moral sur l'Hôtel-Dieu.

D'OSMOND.

J'ai peine à comprendre quelle espèce d'intérêt?

GUSTAVE *avec feu.*

Eh! monsieur le plus puissant n'est-il pas de s'instruire sans cesse pour pratiquer un jour dignement un art sublime! et quelle idée consolante soutient votre courage, lorsque vous acquérez la certitude de rendre à sa famille un homme que sans vos secours la mort aurait frappé! Celui que je viens de voir était condamné; un jour encore, et le mal était sans remède... Dupuytren paraît dans la salle comme un ange consolateur, sa vue, sa réputation qui le devancent, rendent à l'infortuné sa confiance et ses forces; il l'examine, l'opération est résolue, en 7 minutes elle est achevée: la société compte une victime de moins, et le chirurgien une cure merveilleuse, une bonne action et un triomphe de plus.

ÉDOUARD.

Allons! pan, le voilà parti.

D'OSMOND *à part.*

Dans quel but m'aurait-il abusé?

ÉDOUARD *bas à Gustave.*

Mais, maudit bavard, tu oublies que c'est moi qui suis médecin.

GUSTAVE *de même.*

Ah! ma foi, mon ami, je me suis laissé entraîner.

ÉDOUARD *de même.*

Voilà une heure que je te fais des signes.

D'OSMOND.

Il est impossible de sentir et de peindre plus vivement. (*A Gustave*) Je m'étonne même, monsieur, que vous puissiez être étranger à un art dont vous parlez avec tant d'âme.

ÉDOUARD.

Ah! c'est qu'il a une facilité!... Mais ces dames tardent bien. (*Bas à Gustave,*) change donc la conversation.

D'OSMOND *à part.*

Parbleu, je le pousserai à bout. (*haut*) A propos de ces dames, quelle était la maladie de madame d'Osmond.

ÉDOUARD *à part.*

Allons, nous n'en sortirons pas. (*à Gustave bas.*) Tâche de me tirer de là.

GUSTAVE.

C'était une....

D'OSMOND *passant entre eux.*

Ah! je vous prie, laissez répondre M. le docteur; chacun son talent. (*à Édouard*) C'était une?...

GUSTAVE *à part.*

Pauvre Édouard!

ÉDOUARD.

Une fluxion de poitrine avec inflammation cérébrale et courbature.

D'OSMOND, *à part.*

Fort bien, je sais maintenant à quoi m'en tenir. (*Haut.*) Et quel traitement avez-vous ordonné?

ÉDOUARD, *à part.*

Que le diable l'emporte avec ses questions!.. Après tout il n'en sait peut-être pas plus que moi. (*Haut.*) Quel traitement? (*Il regarde Gustave et M. d'Osmond qui rient à part de *son embarras*). Mais d'abord j'ai fait appliquer cinquante sangsues et cinquante ventouses, (*à part*) c'est la mode maintenant.

D'OSMOND.

Ah! ah!

ÉDOUARD.

Ensuite force bains, du quinquina, des lochs blancs pour la nuit, une infusion de chicorée, de bardane et de patience.

GUSTAVE, *à part.*

Qu'est-ce qu'il dit, bon dieu!

ÉDOUARD.

La patience surtout lui a fait beaucoup de bien.

D'OSMOND.

Oh! je n'en doute pas; il lui en a fallu pour suivre un tel régime.

ÉDOUARD.

Ah la nature!..

D'OSMOND, *riant.*

Vous a furieusement aidé, et je crois, Messieurs, que tous deux vous avez manqué votre vocation, qu'en pensez-vous?

ÉDOUARD, *riant.*

Ma foi, Monsieur, je pense que vous avez trop d'esprit pour être dupe plus long-temps d'une plaisanterie...

GUSTAVE.

Qui n'était pas nécessaire; que mon ami s'est permise comme un franc étourdi. Au reste, Monsieur, je vais vous expliquer franchement une intention qui pourra nous faire excuser.

D'OSMOND.

Je vous écoute.

GUSTAVE.

Pénétré du plus vif intérêt pour Mme d'Osmond, qui a été soignée avec toute la prudence possible, je vous prie de le croire.

D'OSMOND.

Je n'en doute plus à présent.

GUSTAVE.

J'ai fait tout ce que j'ai pu pour lui être utile, ainsi qu'à son aimable fille.

D'OSMOND.

Je le sais, monsieur.

GUSTAVE.

Vous le savez?..

D'OSMOND.

Oui, monsieur, et la délicatesse de votre conduite m'a donné d'abord pour vous la plus profonde estime.

ÉDOUARD, *à part.*

Oh comme ça avance les affaires...

GUSTAVE.

Si mon ami ne s'est point trompé, vous êtes porteur d'une lettre de change que ces dames n'ont pu payer à l'échéance...

ÉDOUARD.

Ah le voilà, c'est pour ces dames qu'il va parler d'abord, et moi...

D'OSMOND.

Eh bien...

GUSTAVE.

Eh bien! monsieur, daignez leur accorder un nouveau délai. D'abord je puis vous apprendre une nouvelle, M. d'Osmond n'est pas mort.

D'OSMOND.

Ah! vous savez cela?

GUSTAVE.

Oui, et même, en supposant qu'il lui fût impossible de faire honneur immédiatement à la signature de sa femme, voici ce que je vous propose; mon père est riche...

ÉDOUARD.

Très-riche même, il est du grand collége.

GUSTAVE.

Or, en attendant que ma clientelle s'augmente, si une délégation sur ma fortune à venir pour la somme qui vous est due, vous convient?

D'OSMOND, *lui serrant la main avec affection.*

Jeune homme, ce que vous voulez faire vous peint mieux que les discours les plus éloquens; vous êtes habile, vous êtes humain; mais M. d'Osmond, puisqu'il existe, quoique sans fortune pourra tout acquitter... et je n'ai aucune inquiétude...

ÉDOUARD.

D'ailleurs, si vous vouliez une caution me voici, monsieur...

SCÈNE XIV.

LES MÊMES, JOSÉPHINE.

JOSÉPHINE.

V'là madame d'Osmond qui monte derrière moi.

D'OSMOND, *avec chaleur.*

Madame d'Osmond !

JOSÉPHINE.

Et sa fille.

D'OSMOND.

Ah ! je vais.

ÉDOUARD, *l'arrêtant.*

Arrêtez, vous ne craignez pas que votre vue...

D'OSMOND.

Laissez moi...

ÉDOUARD.

L'aspect d'un créancier, après une longue maladie, c'est capable de faire une révolution ; j'ai manqué d'en mourir trois fois.

D'OSMOND, *regardant vers la porte avec agitation, et s'élançant dehors.*

Ne me retenez pas.

(Il sort.)

ÉDOUARD, *stupéfait.*

Qu'est-ce qui lui prend donc ?

JOSÉPHINE.

Il ne va pas la saisir dans l'escalier peut-être

GUSTAVE.

Il voulait sans doute lui parler en particulier.

ÉDOUARD.

Vois donc un peu Joséphine ce qu'il fait.

(*Joséphine va à l'escalier, les deux amis tenant chacun un des côtés de la porte attendent avec curiosité.*

ÉDOUARD.

Eh bien ?

JOSÉPHINE.

Eh bien ! il remonte avec ces deux dames, il tient le bras de la maman, il a l'air d'une complaisance, et puis il se retourne pour donner la main à la demoiselle... Tenez, voyez-vous comme il leur parle avec chaleur.

ÉDOUARD, *à Gustave.*

Mais qu'est-ce que c'est donc que ce créancier là ?

SCÈNE XV.

GUSTAVE, EDOUARD, M. ET Mme D'OSMOND.

D'OSMOND, *entre en tenant les deux dames.*

Vous me pardonnez, docteur, la façon un peu brusque avec laquelle je vous ai quitté... mais j'étais pressé d'embrasser mes débitrices... (*Aux dames*). Ces messieurs me prenaient pour un créancier... (*Aux jeunes gens*). Si elles me doivent quelque chose, c'est beaucoup d'affection et de tendresse, en retour de la mienne.

ÉLISE, *lui prenant la main.*

Bon père !

Mme D'OSMOND.

Cher ami !

GUSTAVE, *étonné.*

Monsieur d'Osmond !

D'OSMOND.

Lui-même qui ne sait comment il pourra jamais s'acquiter avers vous.

GUSTAVE.

Ah, monsieur, c'est bien facile si vous voulez accueillir favorablement nos espérances.

D'OSMOND.

Veuillez m'écouter, ce n'est qu'à force d'économie et de privations que nous allons exister auprès d'un frère qui m'offre un asile dans une province éloignée. Je ne veux point que votre père puisse me reprocher d'avoir abusé de votre bon cœur pour assurer le sort d'une famille pour laquelle vous avez déjà trop fait.

GUSTAVE.

Mais daignez comprendre, monsieur...

D'OSMOND.

Ne prolongeons point ce pénible entretien, vous avez trop d'honneur pour ne pas m'approuver... Vous m'avez offert votre déjeuner, je l'accepte avec ma famille, nous causerons ensuite de nos affaires d'intérêt, et vous recevrez après dans nos embrassemens d'adieu, la bénédiction de trois cœurs qui vous conserveront une reconnaissance éternelle...

SCÈNE DENIÈRE.

LES MÊMES, ROBIN.

ROBIN, *en poussant la porte et chantant.*

Oh ai, oh ai, oh ai les autres, oh ai; voulez-vous bien m'ouvrir la porte; oh ai, oh ai les autres.

ÉDOUARD.

Quel tapage!

ROBIN.

Ah! mon ami, mes chers amis, il faut vous dire... Ah que je suis aise!... Embrasse-moi donc..., non, c'est à moi de t'embrasser, tu ne sais pas, tu ne doutes pas... (*Il jette presque la table en dansant.*) Oh ai, les autres, oh ai!

GUSTAVE.

Ce que je sais, c'est que tu as l'air d'un insensé, et que tu as manqué casser le service... (*à M. d'Osmond*) Veuillez excuser...

ROBIN.

Eh bien! pardon, mon cher Gustave, mais ça m'est égal, je t'en achèterai un autre service, deux, trois, si tu veux, je te donnerai tout ce que tu voudras.

ÉDOUARD.

Il est fou.

ROBIN.

N'est-ce pas qu'on le dirait, ça me fait cet effet là à moi même. Il y a des momens ou je crois que je rêve.... Mais Dieu merci, ce n'est point un songe... Tout à l'heure, en sortant, oh ! la bonne idée que j'ai eue de sortir.... J'étais encore simple employé à 800 francs, et maintenant.... Je puis envoyer le bureau à tous les diables. (*avec explosion*) J'ai trois cent quatre-vingt mille francs, et d'abord j'ai cru que ça me ferait un million de rentes.

ÉDOUARD.

Trois cent quatre-vingt mille francs ?

ROBIN.

Oui messieurs et mesdames, oui, oui, Jules-Raoul Robin, Robineau, je vais avoir cabriolet, je suis riche... richissime... Ouf.... Je n'en puis plus depuis que j'ai trois cent quatre-vingt mille francs... j'ai des palpitations... Il y a des momens ou je ne puis respirer.

GUSTAVE.

Vous remarquerez que tout le monde est arrivé, si tu veux te mettre à table.

ROBIN.

A table, c'est vrai !...

GUSTAVE, *aux dames et à d'Osmond.*

Veuillez-vous asseoir.

ROBIN.

A table et buvons, morbleu ! vous avez l'air triste, vous tous... (*Il chante*) Allons, mettons-nous en train.

ÉDOUARD.

Contenez-vous, il a des chagrins.

ROBIN.

Vrai, mon ami, (*Il lui prend la main.*) Ce pauvre ami,

ne t'inquiètes pas, je te consolerai moi... Nous nous amuserons, va....

(*Ici Joséphine revient sans être vue de Robin, elle reste derrière lui, du côté gauche de la table à l'avant-scène.*

GUSTAVE, *distrait.*

Merci.

ÉDOUARD.

Oh! ça, vous avez donc dépouillé une diligence ou forcé les caves du trésor?

ROBIN.

Mauvais plaisant!

JOSÉPHINE, *à part.*

Qu'est-ce que dit donc M. Edouard?

ROBIN.

Oh! c'est un roman.... Je ne peux pas avaler, ça m'étouffe!... Voilà la chose, voyez-vous. Hier, en revenant de mon bureau, je trouve une lettre... C'est un notaire qui me mande à son étude... J'y vais ce matin, bien éloigné d'augurer mon bonheur....

JOSÉPHINE.

Son bonheur!

ROBIN.

Il me demande des détails sur ma famille, et quand j'ai prouvé que je suis bien Jules-Raoul Robin, fils de Benoît-Etienne Robin et de Cécile Duboulloir....

D'OSMOND.

Duboulloir!

ROBIN.

Oui, monsieur, Duboulloir, il me dit sans autre préparation: monsieur, un de vos parens vient de mourir au Hâvre. Je vous en ai parlé ce matin, d'un voyageur que je croyais avoir fait le saut de Niagara..,

JOSÉPHINE *sautant.*

Oh mon Dieu! vous v[illegible] riche M. Robin, ô quel bonheur!

ÉDOUARD.

Tiens, vous vous connaissez?

ROBIN *se retournant, avec un grand sang-froid.*

Eh ben, eh ben, laissez donc tranquille, est-ce que ça se fait d'interrompre comme ça la conversation, la bonne.

JOSÉPHINE.

La bonne!

ROBIN.

Est-ce qu'on se mêle de la conversation ?

JOSÉPHINE.

La bonne, moi!

ROBIN *à part.*

C'est vrai qu'elle va me compromettre, une blanchisseuse!.. (*haut*) Où en étais-je? Voilà! Ce parent vient de mourir au port du Hâvre, pour me laisser trois cent quatre-vingt mille francs... Oh! mes amis quand j'ai su ça, de saisissement je me suis trouvé mal... le notaire a été obligé de me donner des vinaigres, des sels, c'est qu'il ne s'en est pas fallu de l'épaisseur d'un homme que je ne sois pas l'héritier.

TOUS.

Comment?

ROBIN.

L'héritier le plus près par les Duboulloir, est heureusement mort en Russie. Le notaire m'a montré l'extrait des registres de la guerre, M. d'Osmond... mort à...

TOUS *se levant.*

D'Osmond!

ROBIN.

Eh! mon Dieu oui, d'Osmond, mort avant ou après la campagne de Moscou. Eh bien! qu'est-ce que vous avez donc à me regarder là tous?

ÉDOUARD.

Mon cher M. Robin, c'est ici qu'il faut user de votre philosophie?

ROBIN.

Voyons, voyons, qu'est-ce que ça veut dire?

GUSTAVE.

Comment? c'est que, mon cher Robin, l'héritier le plus proche si bien mort à Moscou, avant ou après la défaite, M. d'Osmond... le voici devant tes yeux.

ROBIN.

Cela ne se peut pas, monsieur est mort, j'en suis bien sûr, ce ne peut être lui, c'est impossible.

D'OSMOND.

Hélas oui, monsieur, par malheur, pour vous, c'est trop vrai.

Mme D'OSMOND, ÉLISE.

Mais très-heureusement pour sa famille.

JOSÉPHINE *riant et se moquant de Robin.*

Ah mon Dieu! mon Dieu! que c'est bien fait.

ROBIN *se relevant furieux.*

Mais que diable! on ne devrait pas se faire inscrire comme mort quand on est vivant... Oh! j'ai mal à l'estomac.... C'est bien heureux que je n'ai pas eu le temps d'envoyer ma démission au trésor... Il me semble que je me trouve encore mal.

D'OSMOND.

M. Robin, j'ai une famille qui ne me permet pas d'agir avec toute la générosité à laquelle me porterait mon cœur pour un arrière parent, mais soyez sûr que vous n'aurez point à vous repentir de m'avoir apporté sans y penser une bonne nouvelle...

GUSTAVE.

Qui je l'espère change vos intentions?

D'OSMOND.

Je crois que tout pourra s'arranger.

Mme D'OSMOND.

Quel bonheur!

ÉLISE.

O mon père!

GUSTAVE.

Que je suis heureux!

ÉDOUARD.

Voilà un dénoûment imprévu par exemple. Dis donc Gustave, j'ai trouvé mon plan, je mettrai ton aventure en vaudeville.

JOSÉPHINE.

Dites donc, quelle dégringolade, M. Robin, Robineau.

ROBIN.

Ah Fifine... j'ai eu tort... mais le premier moment...

JOSÉPHINE.

Comment vous me parlez... prenez donc garde, une bonne.

ÉDOUARD.

Allons, allons plus de rancune, plus de querelles ; amans, époux, de la confiance, c'est ce qu'il faut en ménage.

VAUDEVILLE.

Mes amis, il est un moyen
De vivre en bonne intelligence,
Tous nos maris s'en trouvent bien
Croyez-en mon expérience.
N'effarouchons pas les amours
Par des reproches d'inconstance,
Car, j'ai la preuve tous les jours,
Que les aveugles et les sourds
Vivent heureux de confiance.

JOSÉPHINE.

Jeunes filles, défiez-vous,
L'homme est infidèle et volage,
Pour le fixer auprès de nous,
Il faut être prudente et sage.
Préservez-vous d'un sort fatal;
Si cher, on paie une imprudence!
Le moindre oubli serait un mal
Ainsi, jusqu'au moment final,
N'ayez pas trop de confiance.

GUSTAVE.

Comme un soldat, le médecin
Compte aussi plus d'une victoire;
Fiers d'exercer un art divin
Nous avons des droits à la gloire.
Lorsque sur un sol étranger,
On invoqua notre science
Sans crainte à l'aspect du danger,
On nous a vu le partager
Pour inspirer la confiance.

ROBIN.

Votre mari n'a presque rien,
Disait un docteur à ma tante,
Demain il se portera bien
Et pourra dîner comme trente.
Pourtant on le saigna d'abord,
Puis le soir aussi par prudence,
Dans la nuit il le fut encor,
Le lendemain mon pauvre oncle était mort.
Ayez donc de la confiance.

EDOUARD (*au public*).

Vous savez quel est mon projet,
Je veux effacer ma défaite,
Je viens de trouver mon sujet,
Bientôt ma pièce sera faite.
Le fond déjà vous est connu,
Daignez donc l'approuver d'avance,
Par vous, si j'étais soutenu
Au comité de l'Ambigu,
J'irai lire de confiance.

PARIS. — IMPRIMERIE DE CARPENTIER-MÉRICOURT,
RUE TRAÎNÉE, N° 15, PRÈS SAINT-EUSTACHE.

www.ingramcontent.com/pod-product-compliance
Ingram Content Group UK Ltd.
Pitfield, Milton Keynes, MK11 3LW, UK
UKHW020453180726
13839UKWH00004B/1798